CATALOGUE

DE

TABLEAUX

ANCIENS

Au nombre desquels des œuvres importantes par et attribuées à

Berchem, Blœmen, Bout et Boudwins,
Breughel, Bylert, A. Cuyp, Claude Lorrain, Van Goyen,
Hals, W. Mieris, Moucheron,
G. Ruysdael, S. Ruysdael, Terburg, De Vriès

Composant la

COLLECTION DE Mme Vve R.-V.

ET DONT LA VENTE AURA LIEU

Par suite de son décès

HOTEL DROUOT, SALLE N° 1

Le Jeudi 24 Avril 1890

A 2 HEURES

COMMISSAIRE-PRISEUR	EXPERT
Me MAURICE DELESTRE	M. B. LASQUIN
27, rue Drouot, 27	12, rue Laffitte, 12

Chez lesquels se trouve le présent Catalogue.

EXPOSITION PUBLIQUE

Le Mercredi 23 Avril 1890, de 1 heure 1/2 à 5 heures 1/2

Paris. — Imp. de l'Art. E. MÉNARD et Cⁱᵉ, 41, rue de la Victoire.

Collection de Mme Vve R.-V.

TABLEAUX

ANCIENS

AU NOMBRE DESQUELS

des Œuvres importantes de l'École hollandaise

EXPOSITION PUBLIQUE

Le Mercredi 23 Avril 1890

Me M. DELESTRE	M. B. LASQUIN
COMMISSAIRE-PRISEUR	EXPERT
27, rue Drouot, 27.	12, rue Laffitte, 12

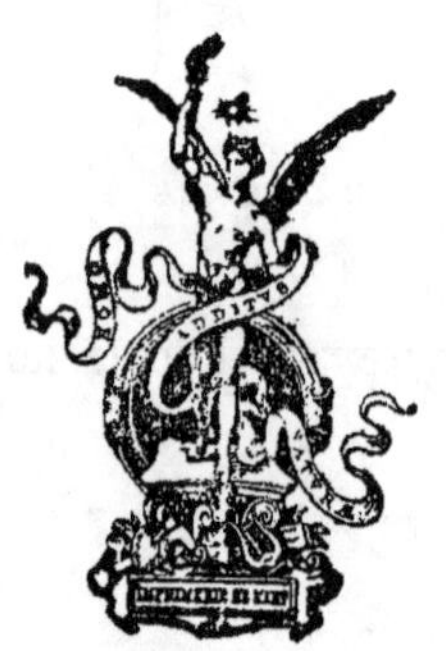
ADDITVS
IMPRIMEBAT ES KENT

DÉSIGNATION

BERCHEM

(NICOLAS)

1 — *Le Passage du gué.*

Un troupeau de bestiaux, vaches, chèvres et moutons, sous la conduite de plusieurs pâtres, traverse une rivière qui coule au bas d'une éminence boisée à laquelle aboutissent deux ponts de pierre.

A gauche, une villageoise, assise sur un cheval blanc, chante accompagnée par un berger qui joue du chalumeau.

Le fond du paysage est borné par des montagnes qui se détachent dans l'atmosphère ambrée d'une chaude journée d'été.

Beau tableau du maître.

Signé à droite et daté de 1657.

Toile. Haut., 67 cent.; larg., 83 cent.

BLOEMEN

(PETER)

2 — *Le Marché aux chevaux en Italie.*

Grande composition.

Toile. Haut., 1 m. 2 cent.; larg., 1 m. 35 cent.

BOUT ET BOUDWINS

3 — *Paysage avec rivière et ville fortifiée.*

De nombreuses figures de pêcheurs, de cavaliers et de villageois, peintes par Pierre Bout,
animent cette composition.

Une famille hollandaise de huit personnes est
représentée au premier plan. Ces dernières figures
sont peintes dans la manière de Gonzalès Coques.

Toile. Haut., 85 cent.; larg., 1 m. 15 cent.

BREUGHEL

4 — *Les Oiseleurs.*

Les figures de ce tableau paraissent peintes
par Van Helmont et les oiseaux par Van Kessel.

Bois. Haut., 58 cent.; larg., 85 cent

BYLERT
(J.)

5 — *Le Déjeuner aux huîtres.*

Deux reîtres et une courtisane sont attablés, une vieille servante apporte une pipe et un réchaud sur un plat.

Signé dans le haut, à gauche.

Bois. Haut., 34 cent.; larg., 45 cent.

CARRACHE
(L.)

6 — *Sainte Madeleine.*

Bois. Haut., 92 cent.; larg., 74 cent.

CARRACHE

7 — *Promenade en barque.*

Toile. Haut., 42 cent.; larg., 56 cent.

CARRACHE
(A.)

8 — *Saint Jérôme.*

Toile. Haut., 44 cent.; larg., 62 cent.

CAZES

(FILIUS 1773)

9 — *Portrait d'homme.*

Forme ovale.

Toile. Haut., 65 cent.; larg., 53 cent.

CUYP

(ALBERT)

10 — *Campement aux environs d'une ville fortifiée.*

Cette grande composition nous semble appar-
tenir à la première manière du maître.
Cadre ancien à lauriers.

Bois. Haut., 87 cent.; larg., 1 m. 52 cent.

ÉCOLE FRANÇAISE

11 — *Portrait de Louis XVII.*

Toile. Haut., 46 cent.; larg., 37 cent.

ÉCOLE VÉNITIENNE

12 — *Sainte en prière.*

Bois. Haut., 60 cent.; larg., 45 cent.

ÉCOLE ITALIENNE

13 — *Cavaliers à l'abreuvoir.*

Toile. Haut., 58 cent.; larg., 1 m. 10 cent.

GAUTHIER

14 — *Les Écoliers.*

Toile. Haut., 29 cent.; larg., 22 cent.

GELÉE

(Attribué à CLAUDE, dit le LORRAIN)

15 — *Monuments de l'ancienne Rome.*

Au premier plan, une scène de sacrifice antique
et un cortège triomphal. Les figures peintes par
Philippe Lauri.

Beau cadre en bois sculpté.

Toile. Haut., 1 m. 5 cent.; larg., 1 m. 55 cent.

GOYEN

(JAN VAN)

16 — *Ville au bord d'une rivière.*

Deux tours ou piles d'un pont et quelques constructions ombragées par des arbres occupent le bord de la rivière à droite, où l'on aperçoit sur une route une charrette chargée de paysans; plus loin, une citadelle et les constructions d'une ville dans le lointain; sur la rivière qui s'étend vers la gauche, des bateaux à voiles et des pêcheurs dans des barques.

Ciel nuageux et ensoleillé.

Bois. Haut., 57 cent.; larg., 81 cent.

HALS

(Le fils?)

17 — *Le Joyeux Buveur.*

Assis près d'une table recouverte d'un tapis et tourné vers la droite, il est coiffé d'une toque noire ornée d'une longue plume rouge et montre en riant un cruchon de bière qu'il vient de vider.

Sur la table, un brasero, une pipe et du tabac dans un papier.

Ce tableau, d'un brillant coloris et largement peint, était anciennement attribué à Jan Steen, mais cette attribution ne concorde pas avec le monogramme qui se voit sur cette toile et qui serait celui de J. Hals, fils de Franz.

Toile. Haut., 88 cent.; larg., 83 cent.

KABEL

(VAN DER)

18 — *Port de mer dans un golfe.*

Toile. Haut., 55 cent.; larg., 67 cent.

LACROIX

19 — *Port de mer.*

Toile. Haut., 38 cent.; larg., 60 cent.

LALLEMAND

20 — *Le Temple de la Sibylle à Tivoli.*
Gouache ovale.

Haut., 50 cent.; larg., 40 cent.

LEPAULLE

(1854)

21 — *Trois chiens et un chat dans un bois.*

Toile. Haut., 74 cent.; larg., 92 cent.

LEPAULLE

22 — *Chien havanais blanc sur un coussin.*

Toile. Haut., 37 cent.; larg., 45 cent.

MALLET

23 — *La Lessive.*

Cinq figures dans un intérieur.

Bois. Haut., 19 cent.; larg., 15 cent

MARIESCHI

24 — *Place d'une ville d'Italie.*

Toile. Haut., 68 cent.; larg., 91 cent

MARIESCHI

25 — *La Place Navone, à Rome.*

Toile. Haut., 66 cent.; larg., 1 mètre.

MIÉRIS
(WILLEM)

26 — *Nymphe poursuivie.*

Tableau finement peint.
Signé à gauche et daté de 1720.

Bois. Haut., 29 cent.; larg., 34 cent.

MOLENAER

27 — *Quatre Buveurs et Fumeurs autour d'une table.*

Bois. Haut., 34 cent.; larg., 29 cent.

MOUCHERON

28 — *Paysage d'Italie.*

Avec figures de villageois sur une route.

Toile. Haut.. 1 m. 2 cent.; larg., 1 m. 36 cent.

PANINI

(Genre de)

29 — *Arc de Constantin.*

30 — *La Maison de Néron.*

Deux pendants.

Toile. Haut., 49 cent.; larg., 63 cent.

PONTORMO

(JACOPO CARRUCCI, dit IL)

31 — *La Sainte Famille.*

Cadre Louis XIV, en bois sculpté.

Bois. Haut., 1 m. 30 cent.; larg., 94 cent.

ROGMANN

(ROELAND)

32 — *Paysage avec bergers sur un chemin au bord de l'eau.*

Ce tableau était attribué à Rembrandt.

Toile. Haut., 1 mètre; larg., 1 m. 34 cent.

RUYSDAEL

(JACOB)

33 — *Paysage accidenté.*

Une rivière vient se déverser par une petite chute à travers des roches entre deux monticules boisés.

Sur l'autre rive escarpée, on distingue trois cabanes couvertes de tuiles, groupées au milieu de grands arbres dominés par une montagne.

Sur le monticule de droite, deux paysans sont près d'une palissade, et, au fond, le clocher d'une église apparaît au-dessus d'un massif de verdure.

Toile. Haut., 57 cent.; larg., 75 cent.

RUYSDAEL

(SALOMON)

34 — *Nature morte.*

Un dindon et deux volailles sur un panier, ainsi que trois canards et divers petits oiseaux morts sont étalés sur une console de pierre.

A droite, dans le haut, un coin de draperie.

Œuvre intéressante par la nature du sujet, traité par l'artiste en dehors de son genre habituel, qui était le paysage.

Signé à gauche en toutes lettres et daté de 1661.

Toile. Haut., 1 m. 10 cent.; larg., 84 cent.

SASSO FERRATO

35 — *Tête de Madone.*

Toile. Haut., 29 cent.; larg., 22 cent.

SAFTLEVEN

(H.)

36 — *Pâtres et troupeau de bestiaux près d'un rocher, sur la lisière d'un bois.*

Ce tableau était attribué à Paul Potter.

Bois. Haut., 60 cent.; larg., 80 cent.

SCHMID

(An VI)

37 — *Le Retour du troupeau.*

Toile. Haut., 33 cent.; larg., 40 cent.

TAUNAY

(D'après)

38 — *La Rixe et le Tambourin.*

Deux gravures en couleurs.

TERBURG

(Attribué à)

39 — *Le Repos des chasseurs.*

Cinq chasseurs se reposent sur la lisière d'un bois, après une partie de chasse, l'un d'eux debout, appuyé sur son fusil, et deux autres assis sur un tertre ; les deux derniers sont au second plan.

Près d'eux, à droite, le gibier mort, consistant en quelques oiseaux jetés épars sur le sol.

Deux chiens sont également au repos.

Bon tableau digne du pinceau du maître, dans un très beau cadre sculpté.

Toile. Haut., 84 cent.; larg., 1 m. 3 cent.

TOURNIÈRES

(Attribué à)

40 — *Portraits d'homme et de femme.*
En buste.

Toile. Haut., 80 cent.; larg., 65 cent.

VINCI

(École de LÉONARD DE)

41 — *Madeleine au désert.*

Bois. Haut., 74 cent.; larg., 59 cent.

VRIÈS

(R. DE)

42 — *Le Moulin à eau.*

Bois. Haut., 50 cent.; larg., 59 cent.

VOS

(Attribué à DE)

43 — *Cerf forcé par les chiens.*

Toile. Haut., 1 m. 20 cent.; larg., 2 mètres.

WEENINX

44 — *Nature morte.*

Légumes, lièvre et oiseaux morts dans un cellier.

Haut., 1 m. 37 cent.; larg., 80 cent.

ÉCOLE FRANÇAISE

45 — *Portrait de femme.*

Toile. Haut., 55 cent.; larg., 45 cent.

46 — Deux gravures en couleur : *Moine en prière dans un cloître, surpris par deux jeunes filles, et Nonne en prière dans la cour du couvent, surprise par un jardinier.*